당신에게 맞는 삶의 온도는 몇 도쯤일지.

아이스
아메리카노 마시는 법

서문

아이스 아메리카노 얼음 두 개

아이스 아메리카노를 주문하는 법이 있다.

"아이스 아메리카노…얼음 두 개만 넣어주실 수 있을까요?"

주문할 때 눈썹 앞머리를 올려 팔(八)자 모양을 만들고 번거롭게 해서 죄송하다는 걸 표현하면 좋다.
바리스타가 되물을 것이다.

"얼음 두 개요?"

의아한 표정일 수도 있다. 잘 들으신 게 맞다고 대답한다.

"두 개만 넣어주세요."

가끔 사려 깊은 바리스타는 음료 양이 적어 보일 수 있다고 안내해 주실 테다. 괜찮다고 얘기하자.
그러면 유리잔의 절반 정도만 채워진, 벌써 녹기 시작한 얼음 두 개가 동동 떠 있는 아메리카노를 받을 수 있다.

여름은 매년 더워지기만 하니 더위를 잘 안 타는 나도 아이스 아메리카노를 참을 수 없는 날이 많아진다. 커피 애호가이자 중독자로서 매일 커피를 사러 간다.

"따뜻한 걸로 주세요."

이게 평상시 내가 주문하는 법이다. 무슨 커피를 마시든 더운 여름에도 이렇게 주문하곤 한다. 30도를 웃도는 한여름에도 말이다. 악착같이 따뜻한 음료를 먹게 된 데는 이유가 있다.

폭염이 계속되던 어느 여름날, 카페에서 시원해 보이는 망고주스를 시켰다. 이번만큼은 도저히 따뜻한 음료를 주문할 수가 없었다. 폭염주의보였고, 집까지 테이크아웃을 할 예정이었으니까. 이런 날씨에 찬 음료 한 잔쯤 안 괜찮을 리 없었다.
망고주스를 받아 든 손이 차가워지는 걸 느끼며 빨대를

오래 물었다. 달콤하고 시원한 맛에 무더위에서 드디어 살 것 같은 기분이었다. 집으로 돌아가는 짧고 더운 길, 주스를 그 길에서 다 마시고 말았다.

망고주스를 마시고 1시간이 채 지나지 않아 속이 좋지 않다는 걸 느꼈다. 그냥 안 좋은 정도가 아니었다. 미식거리고 토할 것 같은 기분이 들어 밥을 먹지 못하는 상태에 이르렀다. 결국 다음 날 한의원에 가야만 했다. 내과가 아닌 한의원에 가는 데도 기나긴 이유가 있지만 일단은 생략하자.

나를 2년 넘게 봐 온 의사 선생님이 뭘 먹었냐고 물었다. 차가운 망고주스를 먹었다고 했다. 차가운 건 먹지 말라는 말이 돌아왔다.

"하지만 너무 더웠는걸요... 이렇게 더운 날씨인데요... 그리고 집에 가서 금방 따뜻한 물도 마셨고......"

선생님은 이번 여름이 너무 덥다며 맞장구를 치셨고 그래도 역시 차가운 건 먹지 말라고 하셨다. 공감과 본분을 둘 다 잊지 않는 훌륭한 의사 선생님이셨다.

그래도 억울했다. 병원에 갈 때마다 하는 생각이 어김없이 들었다.
'대체 내가 뭘 했다고 이렇게 아파야 하는 거야.'
너무 길어진 여름 중에 나는 처음으로 차가운 음료를 딱 한 잔 마셨을 뿐인데. 차가운 거 먹지 말라고, 전에 말하신 후로 잘 참고 지내다가 딱 한 잔 마신 건데. 커피도 조심하라 해서 심지어 아이스 커피도 아닌데. 너도나도 다 들고 다니는, 얼음 꽉 찬, 군침 도는 아이스 커피도 꾹 참다가 마신 망고주스 한 잔에 이렇게 아프다니.

차가운 음료를 마신 대가로 일주일 넘게 고생하고, 다시 오래도록 찬 음료를 마시지 않았다. 카페를 너무 좋아해서 일주일에 일곱 번은 카페에 가는 사람에게 여름의 차가운 커피를 참는 건 괴로운 일이었지만.

그럼에도 도저히 아이스 아메리카노를 참을 수 없는 날이 오고 만다. 더워서 땀을 삘삘 흘리며 약속에 늦은 여름날이나, 태양이 작열하는데 마음도 데일 듯 끓어오르는 날. 예전 같으면 설마 오늘은 괜찮겠지, 라는 생각으로 뱃속까지 서늘해지는 아이스 아메리카노를 대담하게 주문했겠다. 하지만 이젠 아픈 나날이 늘어가는 것을 떠올린다. 머릿속에서 잠깐의 다툼이 일어난다. 그리고 아이스 아메리카노에 얼음 두 개를 주문하기로 한다. 살짝 시원해진 타협의 상징 받아들고 내가 감당할 수 있는 삶의 온도를 가늠한다.

참지 못한 것이 망고주스뿐이었을까.
수도 없이 탈이 나고서 이제야 내게 맞는 아이스아메리카노를 주문하는 법을 알았다. 너무 시리지도, 뜨겁지도 않은 얼음 두 개.
그 정도로 살아내는 법. 그런 방법을 배워가고 있다.

목 차

서문

1부
차가운 허무는 냉장고에서

2부

기쁨은 천천히 들이켜야 하니까

맺음말

1

차가운
허무는
냉장고에서

감당할 수 없는 차가움

나는 선천적으로 소화계통이 약하다. 건강하지 않은 몸을 타고 나서 여러모로 힘이 들지만, 특히 소화계통이 약해 먹는 게 어려우니 체력도 나아지질 않는다. 매일 먹어야만 살 수 있는 것이 사람인데, 나는 문자 그대로 '먹고' 사는 일이 가장 힘들다.

줄곧 건강한 체질은 아니었다. 초등학생 때 키는 금세 자라 반에서 두 번째로 컸지만 몸무게는 졸업할 때도 40kg이 넘지 않았다. 열한 살쯤 영양실조로 병원에서 수액을 맞았던 기억이 있다. 영양실조가 웬 말이냐는 친척들의 말이 여전히 머릿속을 스친다. 샤워하며 갈비뼈와 눈을 마주치고는 이러다 아사할 수도 있겠다는 생각이 들었다.

매일 15km를 걷는 국토대장정에 나갔을 때도, 같이 걷는 아이들의 발에 물집이 잡혀 고생하는 걸 보았지만 내 발에는 물집이 잡히지 않았다. 처음 발견했던 극 저체중의 장점이었다.

맛없게 밥 먹기 대회가 있었다면 나는 분명 순위권이었을 테다. 밥 먹는 걸 싫어했다기보다는 좋아할 이유가 없었다고 해야 하나. 쉽게 체하는 체질이라 자주 명치가 아파서 안절부절못하면 어른들이 침을 가져와 엄지손가락을 찔렀다.
뭘 먹어도 맛있다는 생각이 잘 들지 않았다. 밥을 입에 넣으면 한참을 씹었다. 밥맛을 모르니 침도 별로 나오지 않아서 밥알이 입안을 굴러다녔다. 한참을 씹어 마침내 한 숟갈을 삼키면 또 한 숟갈을 한참 씹었다. 그러니 학교 급식 시간은 그다지 반가운 시간이 아니었다. 음식을 남기면 한 소리를 들으니 점심시간 끝을 알리는 종이 칠 때까지 혼자서 꾸역꾸역 밥을 먹었다. 교실로 가져왔던 급식차는 당번이 어느새 정리해 놓았고, 나만 급식실까지 내려가서 식판을 반납하곤 했다.

자라면서 몸무게가 꽤 늘었지만 체질은 변하지 않았다. 성인이 되고 체하는 빈도는 줄었는데 더 크게 아팠다. 무슨 연례행사처럼 일 년에 한 번은 죽는 게 낫지 않을까 싶은 아픔에 시달렸다. 그때마다 일상생활을 전혀 할 수 없었다. 주로 위장이 문제였다. 모르는 사람들을 위해 설명하자면, 위장이 문제를 일으키면 그냥 배가 아픈 게 아니다. 하루 종일 화장실 세면대와 변기를 붙잡고 헛구역질하다가 화장실 바닥에 드러눕기도 했다. 누우면 더 토할 것 같고 앉아도 토할 것 같아서 제대로 눕지도 앉지도 못한 채로, 아무것도 하지 못하며 하루를 꼬박 괴로워했다.

속이 좀 괜찮은가 싶을 땐 허리나 손목, 두통이 한 번씩 크게 문제를 일으켰다. 직장 생활 중에는 여행을 간다고 연차를 쓰는 법 없이 아플 때를 위해 꼭 아껴두어야 했다. 아무리 심하게 허리가 아파도 막상 디스크가 터진 게 아니라 진단서를 뗄 수도 없었다.
위장 때문에 아무것도 먹지 못하면 허리도 같이 아프기 시작했다. 헛구역질을 하다가 소강상태가 되어도 허리 때문에 잠도 거의 자지 못하면 살아있는 게 신기할 정도였다. 그렇게 아픈 날은 꼭 병원이 열지 않는 주말이었다.

딱 죽고 싶은 기분에도 죽지 않을 게 뻔한 증상으론 응급실에 갈 엄두가 나지 않았다. 어쩌면 아픈 일에 익숙해져서 응급하지 않다고 생각했던 걸까.
괴로워하다가 이렇게 살 수는 없어, 계속 이럴 바에야 죽는 게 낫겠어, 그런 말들을 내뱉을 기운도 없어 속으로 중얼거렸다.

어떤 해에는 이상하리만치 오래 낫지 않아서 위내시경을 했지만, 내시경을 하면서 난 상처 때문에 식도염이 조금 심해졌을 뿐이었다. 큰 문제가 없음을 보여주는 건강검진 결과지를 들고 다시 내과에 갔다. 뭐만 먹으면 속이 좋지 않다고 말하니 처방받은 약이 한 보따리였다. 일주일 뒤에 여전히 나아지지 않았다며 방문하자 내과 선생님은 아주 친절하게 내 푸념을 들어주셨다. 이번에는 두 보따리 되는 약을 처방받았다.
마침 부산에서 열린 일러스트 페어에 독립 출판 기획전으로 내 책을 들고 나갔다. 약을 열심히 먹으며 참여했는데 페어 이틀 차 점심을 먹고는 속이 심하게 아파서 부스를 지킬 수 없을 지경이 되었다. 결국 급하게 근처 한의원을 찾았다. 주말이라 열린 곳을 찾기 어려워 몇 번 허탕을 치고 간신히 문을 연 한의원에 도착했다. 이리저리 처치해 주시고 침도 맞고, 약도 받아 조금 나아진 나는 부스로 돌아와서 내과 약을 내버렸다. 항상 이렇게 돌고 돌아 한의원이었다.

아무튼 예민한 몸을 타고났다. 위장만 잘 아픈 게 아니라 몸에서 일어나는 많은 일들이 크게 느껴진다.
이가 꽤 시려서 치과에 갔더니, 잇몸과 이 사이에 홈이 생겼다고 했다. 하지만 홈이 너무 작아서 치료할 수 없는 정도라며, 보통은 이 정도로 이가 시리진 않다는 말을 덧붙이셨다. 하지만 정말 시리다는 표정을 짓자, 선생님은 내게 시린 이 치약을 추천해 주셨다. 몇 가지 치약 이름을 적어주시고는 그걸로 진료 끝이었다.
치약을 바꾸고 나니 정말로 해결이 되었지만, 내가 통증에 예민하다는 것을 알게 된 계기였다.

통증에 예민하다는 것은 꾀병을 잘 부린다는 뜻이 아니다. 작게 아플 일도 크게 아파진다는 뜻이다. 그래서 자주 아프다고 느끼니 적당한 고통으로는 병원에 갈 일이 아니라고 생각하기도 한다. 만성적인 두통을 견디며 일상생활을 하다가 주변의 권유에 마침내 약을 먹었다. 내 두통은 일반적 진통제가 잘 듣지 않고, 센 진통제인 나프록센을 세 알이나 털어 넣어야만 해결이 되는 편이라 가능한 약을 안 먹고 버티는 와중이었다. 두통이 오랜만에 가시니 시야가 맑아졌다. 세상이 이렇게 아름다웠나 하고 긍정적인 마음이 샘솟다가, 두통 없이 평온하게 세상을 바라보는 것만으로 기뻐해야 하는 상황에 다시 슬퍼졌다.

병원 이야기를 풀어놓자면 그것만으로도 3박4일을 말할 수 있고 책 한 권을 채울 수 있다. 이만큼 파란만장하면서 동시에 지난하고 재미없는 이야기가 또 있을까. 몸이 아픈 이야기를 하는 것은 어렵다. 몸의 고통이라는 건 겪어보지 않으면 공감하기 어려운 일이라는 걸 잘 알기 때문이다.

난 엄마의 체질을 그대로 닮았지만, 어렸을 때는 엄마의 아픔을 다 이해할 수 없었다. 엄마는 자주 많은 곳이 아팠고, 젊은 나는 엄마와 비교하면 건강했으니까. 아빠는 건강 체질을 타고난 데다 공감에 소질이 없었다. 엄마가 공감받지 못해서 슬퍼하는 것도 아주 오래 보았다.

점점 엄마가 아팠던 것과 비슷하게 아픈 일이 많아진다. 얼마나 외로이 겪어야 하는지를 알게 되며 자주 엄마를 걱정한다. 8만큼 아프면 밖에서 3만큼만 말하는 마음도 알게 된다. 구구절절 말하기에는 너무 자주 아프기도 하고, 공감받지 못할까 걱정하기 때문이다.

자극적인 음식들 덕분에 입맛이라는 게 생긴 나는 가끔 이런 체질이 아니었다면 어땠을까 생각한다. 체할 걱정 같은 건 하지 않으면서 아이스 아메리카노도, 냉면도, 민트초코 아이스크림도, 마라 떡볶이도 실컷 먹으면 좋겠다. 매일 세 번은 먹고 싶은 게 없어 고민하고, 먹고 싶은 건 먹을 수 없어 고민하며 스트레스받을 일도 없이.

나는 오늘도 고군분투중이다. 먹고 싶은 것과 먹지 않아야 하는 것들 사이에서. 떨어지는 식욕과 추락하는 체력을 붙잡으며. 이 아슬아슬한 외줄타기를 끝내고 싶다는 생각을 하면 아득해진다.
그러니 다른 걸 바라기로 한다. 끝나지 않을 외줄 위에서 중심잡는 것에 익숙해지기를. 언젠가 외줄타기 전문가가 되기를.

그리고 이 끈질긴 호흡에 박수를 보내기로.

그렇다고 죽진 않겠지만

나의 우울을 관찰하는 것을 좋아한다. 우울의 모습은 자주 예기치 않은 모습을 띠고, 어떻게 흘러갈지도 전혀 예상하지 못하기 때문이다. 스스로 이해되지 않는 감정을 느낀다거나 맥락에 맞지 않는 생각을 하고 있다면, 그건 자주 우울이었다.

오랜만에 죽고 싶다는 생각이 들었다.
별일 없는 날이다. 머리가 아프긴 하지만.
별일 없는 회의 시간에 평소 같은 회의를 하다가 문득 죽고 싶다고 생각했다.
하여튼 간에 몸컨디션 탓이다. 머리가 잔뜩 아프니까, 화가 나거나 우울한 것도 내 탓은 아니다.

회의를 마치고 약국을 다녀왔다.
일단 약국에 다녀오고 나면 기분이 좀 나아진다. 내 증상을 설명하면 약사님이 신경 써서 들어주시고, 맞는 약을 내어주시고, 어떻게 먹으면 도움이 된다고 설명해 주시는, 그 일련의 과정이 위안이 된다. 설명해 주신대로 약을 먹으면 나을 것 같다는 기대도 도움이 된다.
약을 먹고 이어폰을 끼니 한결 낫다. 아직 약효가 돌기엔 이르지만.

그 와중에 날씨가 너무 좋다. 하늘이 너무나 파랗다.
기분이 끝까지 우울해지려는 걸 날씨가 멱살 잡고 올려놓는 듯한 나날이다. 기분 좋은 온도와 딱 좋은 바람과 햇빛이 나를 억지로 지구 위에 올려놓는다.
그래서 그런지 요새 계속 이상한 느낌이 든다.
세상과 나 사이에서 느껴지는 이질감이다. 이곳에 제대로 속하지 못한 느낌이다.
그렇다고 한껏 웅크리기에도 이상한 날씨. 한껏 웅크리고 싶다가도 햇빛을 보면 잠시 베란다에 앉아 있고 싶어지는, 그런 날이다.

답답해서 카페에 나왔다. 커피 대신 유자차를 시켜놓고 노트북을 두드리기 시작하니 손목이 아프다. 무엇 하나 마음대로 하지 못하는 날이다.
아무렇지 않게 글을 쓰다가도 갑자기 눈물을 쏟고 싶어진다. 파란 하늘이 너무 예뻐 바라보다가도 얼른 시선을 돌리고 싶어진다.
하늘이 너무 파란 탓이다. 그런 탓이다.

죽고 싶다는 생각을 한다. 그렇다고 죽진 않겠지만.

두통이 많이 나아졌다 했는데 이젠 약간의 구토감이
느껴진다.
무엇 때문인지 생각하다가 그만두기로 한다.
오늘은 그냥 뭐든지, 그만두기로 한다.

감정이 명치에 얹히고

한 번 체하면 오래 아팠다. 가장 인상 깊게 아팠던 사건들의 유발 음식은 장어, 베이글 반쪽, 비빔밥 한 입이다. 한 입으로도 체할 수 있고, 물을 마시다가도 체할 수 있다는 걸 알게 된 사건들이다. 가끔은 스스로에게 감탄한다. 이 정도라니.

하지만 더 놀라웠던 건 계약직 일을 하다 만났던 한 동료가 체한 느낌을 전혀 모른다고 했던 일이었다. 그녀는 그냥 더부룩하면 그게 체한 거 아니냐고, 산책 조금 하면 낫더라고 천진난만한 얼굴로 말했다. 나는 토끼 눈을 뜨고 그게 전혀 아니며, 명치 쪽이 심하게 아프고 어떤 때는 식은땀이 나고, 어떤 때는 두통이 같이 오며, 그리 쉽게 나아지지 않아 며칠은 음식을 조심해야 한다고 했다. 그녀는 그럼 자신은 평생 체해본 적이 없다고 답했다. 명치가 아픈 것도 무슨 느낌인지 모르겠다며. 난 큰 충격에 휩싸였다. 세상에 그럴 수도 있구나. 겪어보지 않으니 어떻게 아픈지 그 느낌을 모르는 것이 당연했다. 상상만으로는 공감할 할 수 없는 영역이었다. 명치가 아픈 느낌을 대체 어떻게 설명할 수 있을까? 생리통을 겪어본 적 없는 사람에게는 그 통증을 자세히 설명해도 이해할 수 없는 것과 마찬가지였다.

몸이 아닌 감정에도 체함이 있다. 나는 감정에서도 잘 체하는 사람이었던가. 체한 감정의 증상은 불면증이었다. 유난히 심했던 때는 불면증을 오래 겪었다. 늦어도 1시면 꼭 잠에 들던 나는 새벽 5시가 되어서도 잠들지 못했다. 방이 조금 밝아지면 해가 떴구나, 생각하면서 그제야 잠깐 잠에 들었다. 잠을 그리 못 잔 채 일상생활을 똑바로 할 수가 없어 이리저리 방법을 찾았다. 아주 고요해야만 잠들던 나는 자연 ASMR을 틀어보았다. 고요 속에서 휘몰아치던 생각과 감정 대신 물소리, 모닥불 소리, 눈보라 소리에 집중하다 보면 그나마 잠에 좀 들 수 있었다. 가능한 한 똑바로 누워 자던 습관도 도움이 되지 않아 옆으로 웅크리고 자기 시작했다.
눈물이 터지는 날은 조금 나았다. 눈물을 내는 것은 바늘로 엄지손가락을 찔러 피를 내는 것과 비슷해서, 가끔 도움이 되었다. 눈물을 실컷 흘리고서 낮아진 체온으로 조금 쌀쌀하고 개운해진 기분을 느꼈다.

이 낯선 증상들이 가리키는 병명은 우울증이었다.
심한 우울을 겪고 나서야 나는 같은 고통을 이해할 수 있게 되었다. 우울증을 겪고 나면, 우울증을 겪어본 사람과 겪어보지 않은 사람으로 세상이 나뉜다던데 정말이었다. 우울증의 고통을 이해하는 사람들은 모두 비슷한 아픔을 겪은 사람이었다. 우울증을 겪어보지 못한 사람은, 그것이 혼자서는 빠져나올 수 없는 늪이라는 것을 이해하지 못한다. 그래서 '운동을 해.' '의지력이 약한 거야.' '뭐라도 하면 될 거야.' 등의 말을 쉽게 내뱉는 것이다. 예전에 내가 그랬듯이.

몸이 체하고 나면 증상이 나아져도 일주일 이상은 음식을 조심하는 게 좋다. 체하기 쉬운 음식은 피하고 절대 과식하지 말아야 한다. 우울증도 마찬가지였다. 스트레스가

과하면 그때 그 감정이 다시 밀려오는 듯했다. 나는 체하지 않기 위해서 필사적으로 감당치 못할 감정을 피했다. 회사에서도 무리한 스케줄과 부담되는 일을 최대한 피했다. 회사에 바쁜 일이 있으면 내가 조금 갈려 나가도 버티면 된다고 생각했던 예전과 다르게, 단호하게 못 하겠다고 얘기했다. 경험상 바쁜 일이 끝나면 또 바쁜 일이 왔다. 이번만 버티고 쉬자는 생각은 자주 배신당했다. 그러니 사내에서 평판이 떨어질 거라는 걸 알면서도 생사가 걸렸다는 마음으로 철면피를 연기했다.

체기와도 같던 우울은 처음 왔을 때와 같이 갑작스레 사라졌다. 4년이 지난 어느 날, 끈적했던 흔적까지 증발해 버렸다.
괜찮아지고 나서 돌아보니 아주 힘든 시간이었다. 겪지 않았다면 더 좋았을지도 모른다. 하지만 그럼에도 같은 우울을 겪는 사람들의 마음을 이해할 수 있게 되어 다행이라는 생각이 든다. 내가 겪어보지 못했다면 공감하지 못했을 아픔을, 그 마음을 이제는 이해할 수 있다.
이제 나는 악의 없이 순진하게 힘을 내보라는 말을 던지지 않고, 잘될 거라는 말이나, 다들 그렇게 산다는 말을 하지 않은 채 그저 곁에 있겠다는 말을 건넬 수 있게 되었다. 그러니 어쩌면 다행이다.

아파보았을 때 비로소 건넬 수 있는 위로가 있으니, 지난 시간에 좋은 점도 있지 않냐고 일기장에 끄적이며 나의 소중한 사람들을 생각한다.

우울한 당신에게

그런 기분이 있다.
무엇을 해도 나아질 것 같지 않고,
무엇 하나 하고 싶지 않고,
어디에서도 의미를 찾을 수 없는 기분.
오래되었을 수도 있고,
처음 느끼는 것일 수도 있는 기분.

혼자 앓던 우울을 타인에게 처음 고백한 날이었다.
지하철 역사에서 눈물을 줄줄 흘리고 말았다.
요즘 마음이 어떻냐는 물음에
대답을 하려 했을 뿐이었다.
엉망진창인 마음이 툭하고 흘러버렸다.

한 번 흘러버린 마음에
수습되지 않는 눈물이 매일 쏟아져 내렸다.
오열이라는 단어에 어울리게 운 것도
몇 번이나 되었다.
이렇게 잠을 못잔 적이 없었다.
새벽 5시까지 잠들지 못하다가
어렴풋이 날이 밝아오는 걸 느끼며 잠에 들었다.

무엇 때문이라고 말할 수 없었다.
무던히 애를 썼으나
모든 일이 끝내 안풀려서 그런 것일 수도 있다.
어찌해도 이제는 안될 것 같아서일 수도 있다.
직업에서 의미를 찾지 못하고
번아웃이 온 걸 수도 있다.
아니면 멀리 떨어져
신뢰하던 사람의 자살 소식 때문일 수도.
갑작스러웠지만 오래된 둑이
마침내 터져버린 것이었다.
겹겹이 쌓여왔던 우울인 듯 했다.
이렇게 나는 풍랑같은 우울을 맞았다.

우울의 늪에 빠진 상황을
블로그에 용기내어 끄적였을 때,
글을 본 지인이 아주 오랜만에 전화를 걸어왔다.

"나도 이렇게 힘든데 열심히 살고 있다 규희야. "

자신이 얼마나 힘들게 살고 있는지
일장연설을 하는 그에게 할 말이 없었다.
반박할 수도 화를 낼 수도 없었다.
그도 자기의 힘듦을 토로할 곳이 필요했던가 보다.
걱정하는 마음에 전화를 걸어준 것 같아
처음엔 고마웠지만 마음이 더 힘들었다.
우울을 고백하면 종종,
따뜻한 비수 같은 말들이 날아온다.
그저 괜찮냐고 물어줄 사람이 필요했던 것 뿐인데.

많이 힘들지.
힘들겠다.
내가 옆에 있을 수 있다면 좋을텐데.
이런 말은 생각보다 큰 위로가 됨에도
생각보다 쉬이 들을 수 없다.

풍랑같은 시기가 지나고 나니
잔잔한 호수같은 우울이 찾아왔다.
아무렇지 않은 듯 지냈지만
나도 모르게 자꾸 한숨을 쉬었다.
하아.
멍하니, 도저히 알 수 없는 삶의 의미를 곱씹다가
또 한숨을 쉬었다.

데워먹는 컵밥을 전자레인지에 돌리고선
그다지 좋아하지 않는 예능프로를 틀어놓았다.
1인 가구의 우울은
마치 제자리인냥 알맞게 들어앉았다.
옅게 자리 잡은 우울과
함께 살아가는 법을 배워야 했다.
오늘 하루 밥을 잘 챙겨먹고,
삶에서 굳이 의미를 찾지 않으며,
가끔 기쁜 순간이 찾아오면
이게 의미라고 생각하면서.

친구들에게 우울을 고백하기 시작했을 때,

내 고백에 되려 친구들이 우울을 고백해왔다.
가볍지 않은, 오래되고 깊은 우울이었다.
친구로 지냈지만 전혀 알지 못했던 것이었다.
밝고 명랑하다 생각했던 이조차 그랬다.
다들 저마다의 깊은 우울을 껴안은 채 살고 있었다.

당신도 분명 가볍지 않은 우울을 앓는 중일테다.
하루하루를 견디는 게 얼마나 어려운 일인지 안다.
당신이 충분히 애쓰고 있다는 사실을 알면 좋겠다.
특별한 일을 하지 못하더라도,
매일 살아있는 것 자체가
충분한 일이라는 걸 알았으면 좋겠다.

지금 그 우울이 당신의 전부라고 느낄 수 있겠다.
그 우울을 벗어난 일상을 상상하지 못할 수도 있겠다.
언젠가 당신이
그 우울을 견디고 평온을 되찾았으면 좋겠다.
자그마해진 우울을 곁에 둔 채 살아가는 법을
함께 연습했으면 좋겠다.
우울과는 다른 감정들이

일상에 보석처럼 박힐 수 있다면 좋겠다.
지금 이 순간이 아주 작은 그 무언가였으면 좋겠다.

| 단편 에세이 시리즈 『우울한 당신에게』 중 발췌

싱싱한 초코케이크가 녹기 전에

끝나지 않는 회상에 시달리는 날이 있다. 악몽에 시달리는 것과 같지만, 눈을 뜬 채 시달린다는 것이 다르다. 하루 종일 과거를 되짚으며 괴로울 일을 만들어낸다. 너무 평온함을 탓해본다. 당장 심각한 걱정이 없으니까 끊임없이 과거 일들을 끄집어내는 것이라고. 기억들은 냉동실에 잘 넣어두었던 것처럼, 싱싱하게 남은 그때의 감정들을 해동시킨다. 그때의 감정에 지금의 수치심이나 후회가 더해진다. 대체로 맛없는 요리가 된다. 으. 쿰쿰한 기억들을 끊어내지 못한 채 계속 들이킨다. 대체로 쿰쿰하고 열불도 난다. 그만 맛보는 게 좋겠다 싶은데, 열어놓은 냉장고 문을 닫을 수가 없다.

과거를 한참 되짚는 나의 모습은 그저 멍때리는 사람처럼 보인다. 어느 곳을 응시하는지도 모른 채로 무표정하게 멍하니 있는다. 그러다 이따금 혼자 두 주먹을 불끈 그러쥐고 다시 무표정으로 돌아간다.

어떤 선택을 하든 후회하지 않는다고, 자신하던 때도 있었다. 내가 해 온 선택들로 지금의 내가 만들어졌으니, 나는 후회하지 않는다고.
그때로부터 한참이 지난 지금의 나는 후회를 한다. 아주 많은 후회를 지닌 사람이 되었다. 이랬으면 어땠을까, 저랬으면 좋았을 텐데, 그런 생각을 자주 떠올리는 사람이.

냉동실에 있던 초코케이크 한 조각을 꺼낸다. 구석에 한참을 두었더니 성에가 꼈다. 기분이 정말 좋지 못했던 어느 날, 애인과 케이크를 먹느니 마느니 하는 걸로 싸웠던 기억이 떠오른다. 결국 초코케이크 한 판을 사서 같이 먹고는 한 조각이 남았었다. 잘 밀폐되어 있는 용기의 뚜껑을 연다. 냉동실 냄새가 조금 뱄지만 여전히 달큰한 냄새가 나는 초코케이크다. 잠깐 바라보다 이미 먹을 때는 한참 지났다는 생각을 한다. 단 냄새가 조금이라도 변하기 전에 케이크 조각을 미련 없이 버려야겠다.
음식물 쓰레기통으로 향한다.

다시 올게

다시는 올 일 없는 여행지에서 만난 친구에게 다시 오겠다는 약속을 하는 것 같은, 그런 부류의 거짓말을 좋아하지 않는다. 다시 온다는 말을 철석같이 믿으며 당신 생각을 할 그 친구의 마음을, 한참을 내일은 올까, 다음 계절엔 올까 고대하며 보낼 그 친구의 시간을, 들뜬 마음으로 지내다가 마침내 당신이 오지 않을지도 모른다는 생각에 다다랐을 때의 실망을 생각한다.

고대하는 시간이 설렜을 테니 그걸로 괜찮지 않냐고 할 참인가. 그 친구가 보기보다 연약해서 커다란 실망에 오래 잠겨있으면 어쩔텐가. 그래서 평생 당신을 떠올릴 때마다 슬퍼지게 된다면.

그러니 사람 좋은 얼굴을 하고 책임질 수 없는 약속을 하는 사람을 경계한다. 당장의 편안함과 한참 후에 찾아올 커다란 슬픔을 맞바꾸는 사람. 뭐든 쉽게 믿어버리는 나는 남겨진 연약한 친구가 되기에 아주 적격이다.

차라리 매정하다 욕먹는 사람을 좋아한다. 친구를 위해 진실과 진심을 전하기로 하는, 차라리 나쁜 사람이 되기를 선택하는 용기를 가진 사람을 좋아한다.

모르겠다

위가 아프다. 이놈의 위장은 허구한 날 말썽이다. 이렇게 아플 때마다 대체 인생에서 중요한 것이 무엇인가 하는 질문을 던지게 된다. 아픔에 몸져누워서 천장을 바라보고 있자면, 그 무엇도 중요해 보이지가 않아서. 안 아프게 살아있는 것, 그게 제일 중요하지 않을까 싶어서.

약 먹고 더 아픈 것 같다. 위가 꿈틀대는 게 느껴진다. 아아. 나는 더 이상 아무 생각도 하지 못하고 마냥 세상을 저주하게 된다. 아파. 세상이 끝났으면 좋겠어.
아마 이 아픔을 견뎌야 하는 이유를 찾지 못했기 때문이겠다. 반드시 지켜내고 싶은 것이나, 이루고 싶은 무언가가 없기 때문이겠다. 중요한 것이 있는 삶은 이보다 더 치열하고 더 생명력이 넘친다.

아무도 나를 찾지 않았으면 좋겠다.
이렇게 생각하는 건, 그래도 나를 찾는 사람이 있다는 뜻이다. 감사하는 게 좋을까.
아무것도 먹지 않는 게 좋겠다. 다시 먹는 것에 어떤 의미도 두지 않고 욕심도 부리지 않는 게 좋겠다. 이 몸으로 살기 위해서는 많은 것들을 포기해야 한다. 그러니 포기가 필요한 건 깔끔히 포기하고, 내게 중요한 것만 선택해야겠다.
그래서 내게 중요한 게 뭐냐고 물으면, 모르겠다. 찾는 중이다. 찾아지지 않을까. 찾아져야 할 텐데.

닦아내면 되지 않을까

쓸 데 없는 생각이 들면 청소를 할 때가 되었다는 것이다.
와당탕 우당탕거리며 베란다를 뒤집어 청소를 하고 싶다.
깨끗해진 베란다에서는 마음도 달라질까. 그야 알 수 없지만, 분명 지금보다는 나을지도 모른다는 생각.
유리창도 좀 닦는 게 좋겠어. 먼지가 가득한 유리창을.
유리창 청소는 어떻게 해야 하는 것인지 잘 모르겠지만,
아무튼 무언가 닦아내면 되지 않을까.

인내심 발휘하지 말고

급체로 지옥 같았던 하루를 보내고 아침이 밝자마자 한의원을 찾았다.
운동을 꼭 해야 한다고, 한의사 선생님이 나긋한 목소리로 말씀하셨다. 환자분처럼 몸이 약하신 분은 꼭 운동을 하셔야 해요. 체력이 필요해요. 선생님의 단호하면서도 동정 어린 눈빛을 받으며 나는 쪼글쪼글해졌다.
나를 여러 번 보신 선생님은 여러 가지 조언을 해주셨다. 어쩐지 진심이 가득 섞인 선생님의 말은 유난히 와닿았다. 휴대폰에 메모를 했다. 몸이 나으면 자꾸 어렴풋해졌기 때문에.

- 많이 못 먹는 체형
- 먹는 거로 스트레스 풀지 말고
- 저녁엔 무조건 많이 먹지 말고
- 아침 점심을 든든히 먹는 편으로 해라.
- 간식도 줄이고 (혈당 높이고 위가 못 쉼)
- 지금이야 위에서 탈 나고 말지만 나이가 들면 더 큰일 난다.
- 먹고 싶은 거 먹어도 되지만 부피를 생각해서 먹어라. 특히 면같이 위에서 더 불어나는 것들.
- 운동 무조건, 목숨처럼 해라. 체력이 필요하다.
- 원래 몸이 약한 편이니 스트레스받는 일 있으면 그냥 빨리 정리해라. 인내심 발휘하지 말고.
- 약 5일 치 주심

휘갈겨 쓰느라 선생님의 나긋한 톤은 옮기지 못했지만 단어는 그대로 옮겨 적었다.
목숨처럼 운동하라는 말과 인내심을 발휘하지 말라는 말을, 다음 날에도 몇 번이나 되뇌었다.

가끔은 이렇게

고요하게 집에 있다 보니 또 생각이 많아진다. 한두 시간 사이에 내 생각과 기분은 훌륭히도 날뛴다. 이럴 땐 그게 필요하다.

'이건 진짜 기분이 아니야.'

이건 진짜 기분이 아닐 수 있다는 점을 상기시켜야 한다. 아주 다양하고 사소한 이유로 기분이라는 건 변한다. 그저 혼자 있어서, 음악을 들어서, 커피를 마셔서, 배가 불러서 등의 이유로, 방 안의 온도만 가지고도 변하는 기분이다. 그러니 나의 모든 기분을 심각하게 받아들이며 매 순간 '난 왜 이럴까' 등의 생각을 하지 않는 것이 좋다. 금방 사라질지도 모르는 기분에 휘말리지 않는 것이 좋다.

안경

콧잔등을 짓누르는 안경이 무겁다.
가장 가볍다는 안경을 써도
압축렌즈를 낀 안경을 써도
여전히 무겁다.
내 시력은 양안이 상이해서
무언가를 똑바로 보려면
안경을 꼭 껴야 한다.

콧잔등에서부터 피로감이 밀려온다.
안경을 벗고 눌린 안경자국 주변을 꾹꾹 누른다.
눈을 감는다.
안경조차 무거운 삶이다.

흔들리는 테이블

이상하게 하루 종일 책상이 흔들리는 날이다.
제주도의 한적한 카페에서 아이패드를 열어 글을 쓰는데 책상이 흔들거렸다. 키보드를 치는 대로 책상이 진동했지만, 아무렴 하면서 글을 쓴다. 주문한 카페라테와 에그타르트가 나와서 잔을 집어 드는데 책상이 또 흔들거린다.
에그타르트를 자르려고 작은 칼에 힘을 주니 또 책상이 흔들흔들.
자리가 많은 카페에는 손님이 나밖에 없었지만, 흔들리는 자리에 익숙해져서 굳이 움직이지 않기로 한다.
저녁으로 무엇을 먹을까 고민하다가 근처에 고사리 육개장 맛집이 있다는 걸 알았다. 가벼운 마음으로 찾아갔는데, 언제 가든 대기 번호를 뽑아야 하는 유명 맛집이었다.

저녁을 먹기엔 이른 시간이라 사람이 많지 않은 덕에 8번째 대기자가 될 수 있었다. 나처럼 혼자 온 여행객이 바로 앞 번호표를 받았다. 그분이 대기표를 들고서 인증샷을 찍는 걸 보며, 멍하니 있던 나도 한 장 따라 찍는다. 원래는 밥을 위해 줄을 서지 않는 편이었지만 날씨가 괜찮은 봄날이라 기다려도 좋을 것 같다.

고사리 육개장이라. 사진을 보았지만 빨갛지 않은 국물이 무슨 맛을 낼지 상상이 가지 않는다.

초봄의 해는 그리 길지 않아서 해가 빨리 지기 시작했다. 쌀쌀한 기운이 몰려올 때 내 번호가 불렸다.

자리에 앉아 있으니 음식이 금세 나왔다. 육개장을 한술 뜨려는데 또 테이블이 흔들거린다. 오늘은 테이블이 내내 흔들리는 날인가. 뜨거운 육개장을 두고 테이블이 흔들거리니 조금 신경쓰이긴 했지만, 어쨌든 옮길 자리도 없어 그대로 있기로 했다. 고사리 육개장은 아주 맛있었다. 진하디 진한 국물에 고기가 없다는 것도 놀라웠다. 종일 돌아다니며 바람기운이 남았던 몸에 열기가 올랐다. 본격적으로 먹으려 하니 여행에 지쳐 팔이 힘들었다. 식탁 예절은 아니겠지만 눈치 볼 사람이 없으니 팔꿈치를 테이블에 올려놓고 편히 먹으려는데 상이 또 흔들린다.

흔들흔들.
반찬을 집을 때도 흔들흔들.
테이블이 열심히 흔들려도 아무렴 육개장을 끝까지 맛있게 먹겠지만. 그래도 역시 안 흔들리면 더 좋겠지만.

그러고 보니 우리 집에 있는 테이블들도 꽤 흔들린다는 사실이 떠올랐다. 동그란 테이블은 조금 흔들리고 정사각형의 네모난 테이블은 아주 많이 흔들렸다. 두 테이블 다 직접 조립한 테이블이다. 나사를 열심히 조이고 조였는데도 계속 흔들려서 그래 네 멋대로 해라, 하며 흔들리는 두 테이블과 살고 있었다. 어쩐지 익숙한 듯 굴게 되더라니.

흔들리는 상에서 뜨거운 육개장을 불어 먹으며 단단히 고정된 테이블이 갖고 싶다고 생각한다.
튼튼하고 오래 쓸 수 있는 테이블을 가지고 싶다. 좋은 나무로 만들어 묵직한 테이블이면 좋겠다. 안정감 있게 어두운색이면 좋겠다.
마음속에도 그런 테이블 하나 두면 좋겠다. 무엇을 올려놓아도 흔들리지 않는 테이블 하나만 두면 좋겠다. 쉽게 무너지지 않을 거라는 확신을 가질 수 있는 그런 테이블 하나가.
유감스럽게도 여전히 그런 테이블을 가지지 못한 채 나이를 먹는다. 흔들리는 것에 적응한 것일까. 아니면 무겁고 단단한 테이블을 살 여력이 되지 않았던 것일까.
가구를 들일 때마다 가성비를 치열하게 따졌으니 당연한 일일까 생각하며 육개장을 마저 먹었다.

열어지지 않는 마음

어떤 마음은 아무리 시간이 지나도 옅어지지 않는다.
떠난 이를 그리워하는 마음, 왜인지 자책하는 마음, 슬퍼하는 마음, 좌절하는 마음.

나는 아직도 떠난 지 10년이 넘은 친구들의 죽음이 괜찮지 않다. 애도를 충분히 하지 못해서 그런 걸지도 모르겠다.
저주라도 걸린 듯한 20대의 시작이었다. 수능 성적표를 받는 날의 사고부터 뇌종양까지. 친구들이 한 명씩 갑작스럽게, 너무 자주 떠나갔다. 졸업 후 고등학교 동창들을 가장 자주 만났던 곳이 장례식장이었다. 모든 것을 대학생이 된 이후로 미루라고 하던 학교 선생님들은 그 말을 한 번은 후회하셨을까. 우리가 다닌 학교는 공부를 너무 많이 하는 학교였다. 아침 7시부터 밤 11시까지 우리를 가둬 공부시키는 것이 자랑인 곳이었다. 덕분에 같은 반 친구들의 면면을 모두 알 수 있던 곳.

남은 친구들과는 어떤 애도도 충분히 하지 못했다. 눈물조차 서로의 앞에서 잘 보이지 않았다. 그래서 서로가 어떤 마음으로 이걸 겪고 있는지 알지 못했다.
장지에 방문하면서도 우리는 서로가 어떤 마음인지 이야기하지 않았다. 한호의 장지는 넓고 평화로웠다. 그날따라 날씨가 너무 좋았다. 덥지도 춥지도 않았다. 파란 하늘에는 그림 같은 구름이 떠다녔다. 부드러운 바람에 흔들린 풍경소리가 어딘가에서 들려왔다. 평화로운 분위기였다. 분위기에 어울리는 음악까지 작게 들려왔다. 넓은 장지에는 초록색이 가득한 봉분이 있는 부지와 납골당이 있는 부지가 어우러져 있었다. 납골당으로 가서 스무 살의 한호를 보았다. 그는 앞으로도 계속 스무 살일 터였다.
한호는 이런 곳에 있구나. 다행이다. 관리도 잘 되고, 평화로운 곳이네. 우리는 그 정도의 말을 주고받았다. 나는 사실 오면서 조금 울었어. 이런 말은 하지 않은 채로.

이십 대 중반이 되어서야 친구들의 초상이 멈췄다.
그때가 지나고 우리는 어쩐지 단 한 번의 동창회도 갖지 않았다.

나는 매일 죽음에 대해 생각하는 사람이 되었다. 아무리 시간이 지나도 마찬가지였다. 시간으로 흘려보낼 수 있는 것이 아니었다.
그래서 썼던, 책 『월간유서』를 다빈에게 주었다. 서른 살이 넘어 쓴 그 책을 준지 1년이 더 되었다. 얼마 전 다빈이는 『월간유서』를 읽지 못했다고 고백했다. 책의 서문에서 한준이가 언급되자 더는 읽지 못했다고.
나만 이렇게 사로잡혀 있는 건가 싶었던 순간이 많았는데. 사실 다른 친구들도 말만 하지 않았을 뿐이었다. 우리는 이만큼 시간이 지나서도 저릿한 마음을 내어놓지도, 내려놓지도 못했다. 마음 한구석에 그 아이들의 죽음을 계속 담고서.

나는 아직도 남아있는 공서의 인스타그램 계정을 언팔로우하지 못하고, 바뀌지 않는 한호와 연희의 카카오톡 프로필을 들여다보며, 한준과 기현의 페이스북을 팔로우하고 있다. 한호와 연희의 카카오톡이 10년 넘도록 다른 누군가의 프로필로 바뀌거나 사라지지 않는 걸 보며 남겨진 부모님의 마음을 짐작한다.

다빈이와 오랜만에 만난 카페에서 얼음을 적게 넣은 콜드브루를 시켰다. 한 입 마셔보니 생각보다 너무 진하고 차가운 커피를 마시지 않고 그냥 둔다. 천천히 얼음이 녹아 연해지기를 바라면서. 얼음이 녹아 연해지고, 냉기가 가실만큼 시간이 지난 뒤에야 마셔야겠다고 생각한다. 자리에서 일어날 때까지 마시지 못할 수도 있다는, 어렴풋한 짐작을 미뤄놓고서.

슬픔을 말하자면

슬픔을 나누는 게 무슨 소용이냐는 친구가 있다.
슬픔을 나누면
그냥 두 명의 슬픈 사람이 생길 뿐이라면서.

슬픔을 나누어 가벼워진다는 말은 믿지 않아도
슬픔은 나누지 않으면 배가 된다고 믿고 있다.
홀로 안에 단단히 가두어
밖으로 나오지 못한 슬픔은 오장육부를 적신다.
축축함은 오래오래 갈 것이다.
바람이 통하지 않는 집에서
빨래가 마르지 않듯이.

그러니 내게 슬픔을 말하라 했다.
곰팡이가 피지 않도록
바람구멍 하나 내는 것이 좋겠다 했다.
아무리 슬퍼 봐야 너의 마음만큼 슬퍼지겠냐면서.

2

기쁨은

천천히

들이켜야 하니까

크고 무해한 소리

아주 시끄러운 카페에 왔다. 기본적으로 시끄러운 걸 좋아하지는 않지만 남들보다는 잘 견디는 것 같다. 아, 잠잘 때는 제외하고. 시끄러운 소리를 하나하나 뜯어보면 그리 싫어지지 않는 것이다.

좋은 스피커에서 넉넉한 볼륨으로 나오는 재즈는 어두운 우드톤의 카페와 잘 어울린다. 그리 작지도, 그리 크지도 않은 카페에는 동그랗고 네모난 테이블로 된 자리가 7개, 바 테이블이 길게 하나 있다. 네 명이 앉을 수 있는 자리에 한두 명이 앉아있 는 경우가 없고 꼭 네 명이 앉아 있다. 내가 앉은 바 테이블을 제외하고는 그렇게 카페의 좌석이 꽉 차 있다. 네 명이 앉은 테이블의 사람들은 조금 먼 자리에 앉아 있는 사람에게도 내용을 잘 전달

하기 위해 목소리를 높인다. 재미있는 일들이 있는지 자주 웃음소리가 들린다. 가만 듣고 있으면 나도 조금 끼워달라고 하고 싶어진다.
시끄러운 곳에 있자니 이전에 살던 집이 떠올랐다. 서울 은평구에서 두 번째로 살았던 집.

시끄럽겠다.
집이 초등학교 바로 옆이라 하니 누군가 말했다. 그제야 나는 그 소리들이 누군가에게는 소음일 수 있다는 걸 깨달았다.

혼자 사는 집은 항상 고요했다. 고요를 깨고 들리는 소리는 보통 좋지 않은 것이었다. 밤중에 이웃집이 복도에서 벌이는 소란에 경계심 가득 품고 귀기울여야하는 것이었다. 가끔 틀어놓는 유튜브 영상은 이상하게도 집에 적막함을 더했다.
겨울에 일인 가구로는 세 번째, 은평구에서는 두 번째 이사를 했다. 같은 은평구내였지만 활동반경이 좁은 내게는 낯선 동네였다. 경계심을 가득 세우며 집 안에 틀어박혔다.

동네가 마음에 들지 않아. 꽤나 더럽고, 오자마자 엘리베이터가 고장났고, 관리 업체가 불만 공지를 써놓고, 입주민들이 날세운 문장을 적은 쪽지를 거울에 붙여. 그런 불만을 자주 던졌다.
복도에서 말소리라도 나면 소리가 너무 생생해서 현관문이 없는 듯한 기분이었다. 여러 번 문이 잠겨 있는지 확인해야 했다. 한동안 복도에서 들리는 소리마다 흠칫거렸다.

겨울이 지나고 날씨가 풀리자 창문을 여는 날이 많아졌다. 창문으로 바로 보이는 초등학교에서 들리는 소리가 커졌다. 날씨덕인지 체육시간과 등하교 시간에 들리는 아이들의 소리가 늘었다.
초등학교에서 들리는 수업 종소리와 체육시간 아이들의 웃음소리, 소리지르는 소리, 교내방송 소리가 우리 집을 채웠다. 해가 뜨지 않는 날에도 생생한 소리들 덕에 집이 밝았다.
아이들은 꼭 소리를 지르며 놀았다. 웃음소리도 어찌나 큰 지. 무해한 소리가 날마다 집으로 침투했다.
봄이 되니 학교 담장을 따라 개나리와 장미가 활짝 피었다. 꽃들과 함께 봄맞이 체육대회가 열렸다. 하루 종일 세 배로 시끄러웠는데, 나는 일부러 창문을 더 열었다. 봄 날씨만큼 아이들의 웃음소리가 맑았다.

동네가 조금씩 좋아졌다. 생각보다 괜찮은 동네였다. 저녁내 더러워 보였던 건 집집마다 쓰레기를 배출한 것이었고, 아침이 되면 골목은 깨끗해졌다. 엘리베이터에 붙었던 날카로운 말들도 오래 지나지 않아 사라졌다.
가끔 동네 산책을 시도했다. 주변에는 작은 카페가 많았다. 바닐라라떼가 마음에 드는 카페를 발견하고는 난생 처음으로 동네 단골집을 삼았다. 오래된 빨래방을 찾아 청치마에 쓸려 파란 물이 든 캔버스 가방을 맡겼다. 잘 될지 모르겠지만 사흘 후에 와보라던 사장님은 최선을 다했다며 깨끗해진 가방을 건네주셨다. 하늘이 새파란 날에는 빨간 벽돌 빌라와 오래된 주택이 있는 골목 사진을 찍었다.
또다시 이사를 하기 전까지 노린재를 비롯해 왕벌과 바퀴벌레, 이름을 알 수 없는 수많은 벌레와 치열하게 싸웠지만, 나는 결국 무해한 소리로 곤두선 감각을 잠재워 주던 그 집을 정말 좋아했다.

천천히 마시기

어떤 기분이 머물러 있는 것에 놀라워하는 중이다. 들숨과 날숨이 모두 평화롭다. 들숨에는 약간의 설렘도 들어있는 듯하다. 잘 청소해 놓은 집안에 햇살이 따뜻하게 들어온다.

이 기분을 만끽한다. 좋아하는 노래를 틀어 이어폰을 귀에 꽂는다. 카더가든과 오존의 목소리가 주변을 채운다. 얼마 전 다녀간 친구들을 생각한다. 다정하게 튤립을 들고 왔던 친구 덕분에 화병을 만들었다. 우리 집 회색 벽지와 잘 어울리는 주홍색 튤립이다.

오늘 오전부터 운동을 다녀왔더니 뿌듯하다. 운동도 잘하고, 점심으로 배달 욕구를 잘 참아내고 단백질이 들어간 건강 식단을 차려 먹었다. 뿌듯한 오전을 보내었지만 그렇다고 이런 기분이 몰려올 줄은 몰랐다. 방금 책방 사장님이 실수로 잘못 보내신 DM에 이제 막 꽃이 핀 식물 사진이 잔뜩이어서일까.
맛있는 원두가 있어 커피를 직접 내려본다.
분명 맛있는 원두였는데... 쓴 맛이 강하게 내려진 커피가 되었지만, 그냥 천천히 즐기기로 한다.
평온하게 커피를 즐길 수 있는 시간과, 햇빛이 들어오는 공간과, 부모님도 나도 건강한 이 순간에 온전히 행복하기로 한다.

얼마 전에 하던 일들을 내려놨다. 하고 싶은 일만 하기로 한 후 행복이 늘었다. 아직은 말이다. 글을 쓰는 과정은 괴로운 일이지만, 가장 하고 싶은 일이다. 내가 쓴 글을 읽어주는 사람이 있어서 다행이다.
널어놓은 이불 위로 햇살이 잔뜩 내려 앉아서 기분이 좋다. 이 집은 해가 많이 들어온다.
색이 바래기 시작한 튤립과, 좋아하는 컵에 담겨있는 커피와, 하얀 책상 위에 놓인 하얀 키보드를 바라본다.

행복에 대해 쓴 글을 읽은 적이 별로 없다는 생각을 했다.

행복하지 않음에 대해 쓰는 글과, 어떻게 행복할 수 있는지에 대한 글은 많이 봤지만 행복을 만끽하는 글은 몇 읽어보지 못했던 것 같다.
나는 이 순간을 글로 담아놔야겠다는 생각이 든다.

냉장고 문에 가득 붙어있는 크고 작은 네컷 사진들을 본다. 얼마 전부터 좋아하는 사람들을 만날 때마다 네컷 사진을 찍자고 한다. 같은 사람이어도 다른 날 만나면 또 찍으러 가자고 한다. 부모님과도 두 장의 네컷 사진이 생겼다. 스마트폰이 있어도 물성을 가진 사진을 굳이 굳이 만들어 집으로 가져온다. 추억이 기억에 머무는 것이 아닌 손에 잡히는 행복이 되기를 바라면서.

적은 양으로 오래도록 행복하고 싶다.
큰 행복이 찾아오지 않아도 괜찮다.
아주 적은 양으로도 오래 행복한 사람이었으면 좋겠다.

혼자서는 할 수 없음

할 수 없음을 인정하는 것이 훨씬 도움이 될 때가 있다. 나는 뭐든지 할 수 있다고 외치는 것이 이롭지 않을 때. 지피지기면 백전불태라고 하지 않았는가. 스스로를 모르면 아무리 용을 써도 지기 마련이다. 내가 처음 글을 제대로 쓰겠다고 결심했을 때 그랬다. 뒷배도 소속도 배운 것도 뭣도 없이 한 결심에, 오롯이 혼자서 태도를 다잡아야 했다. 글은 엉덩이로 쓰는 것이라고 했는데, 혼자 집에 있으면 궁둥이가 붙지를 않았다. 의지력을 다잡기 위해서 어떻게든 동기부여 영상을 찾아보고, 그럴듯한 문구를 써 붙이고, 하루 시간 계획표를 세워 붙여보기도 했다. 그럼에도 벽에 붙여놓은 것들이 무색하게 나는 하루하루 무기력해졌다.

한참을 자책하다 돌이켜보니 나는 항상 그런 사람이었다. 혼자서는 한없이 게을러지는 사람. 반면에 사람들과 함께하는 프로젝트는 꼭 성과를 내는 사람. 인생을 가장 알차게 보냈던 시기는 언제나 다른 사람들과 프로젝트를 함께 하던 때였다. 아드레날린이 넘치던 20대 초에는 과할 정도로 여러 일을 동시에 벌이기도 했다. 단편 영화 연기, 밴드 공연, 마라톤, 환경운동가 활동 등을 동시에 하면서 정말로 동에 번쩍 서에 번쩍했던 때. 결국 중도 포기하는 것 하나 없이, 하프마라톤까지 완주해 냈던 일을 떠올리면, 모두 목표를 같이 하는 사람들이 있었다.

반면에 혼자서는 잘되지 않았다. 나는 게으르게 있는 것을 좋아했다. 그리고 관성을 이겨내는 게 너무 어려웠다. 그렇다고 계속 누워있으면 계획해 놓은 것을 지키지 못했다는 죄책감에 우울해졌다.
글을 쓰겠다 하고 무기력하고 게으른 나날을 한참 보내다가 결국 취업을 결심하면서, 천성을 인정해야만 했다.

살다 보니 이런 날들의 반복이었다. 열심히 살다가도 혼자서 뭘 하려고 하면 무기력해지는 날의 반복.

물론 혼자서 잘 해내는 사람들도 있다. 하루 계획을 세우면 처음부터 끝까지 잘 지켜내고, 효능감도 느끼고, 인생의 장기 계획도 잘 지키는 사람들. 하지만 나는 아니다. 아주 오랫동안 관찰하면서 알아낸 것이니 믿어도 좋다.

그럼에도 나는 **나**라는 존재를 잘 운용해서 가능한 후회 없이 살도록 도울 책임이 있지 않은가. 혼자서는 안된다고 인정을 한 후에는 금방 답을 찾았다. 무엇보다도 나를 움직이게 하는 것은 책임감이었다. 이 문단의 첫 번째 문장에도 책임이라는 단어를 썼듯이, 나에게는 책임이라는 가치가 아주 중요한 듯하다. 장녀에게 각인된 유전자인지도 모르겠다. 책임감이 강해 손해를 종종 자처했음에도 일단 내 손에 들어오고 나면 책임을 저버리는 일은 거의 일어나지 않았다.
그러면 내게 책임감을 주고 움직이게 하자는 생각을 했다. 움직일 수밖에 없는 상황에 나를 던져넣자. 기름값도 안 나오는 동기부여는 하지 말고, 나에게 가장 효율적인 동력원, 책임감을 팍팍 때려 넣자.

나는 혼자서 무언가 해내겠다는 욕심을 버리고, 하고 싶은 것에 대해 모임을 만들거나 수업에 들어갔다. 모임을 만드는 것이 가장 효과적이었다. 내가 하고 싶은 걸 제때 여는 어떤 프로그램을 찾기보다 직접 만드는 것이 속이 편했고, 가장 큰 책임감을 질 수 있다는 점에서 이로웠다. 그렇게 하고 싶은 게 생기면 일단 같이 할 동료를 구하는 것이 삶의 태도가 되었다. 이 태도는 내 삶을 정말 많이 바꾸었다. 요즘은 함께 습관도 만들고, 글도 쓰고, 책도 만든다. 함께 하며 혼자서 못하던 걸 끝까지 하게 되고, 결과를 만들고, 오랫동안 지속하게 된다.

덕분에 좋은 사람들이 주변에 많아졌다. 조건을 따지지 않고 나를 응원해 주고, 다정한 시선을 나누어주고, 방향을 공유하며, 기꺼이 어깨를 맞댄 채 삶을 살아가자고 하는 사람들. 나는 좋은 관계로 인해 수도 없이 구해졌다.

삶에서 나의 한계를 인정하고 타협해야 하는 날들이 많아진다. 한계 없이 밀어붙이기를 종용하는 세상에서 한계를 인정해 보는 것도 방법이라고 생각한다. 돌아올 수 없는 곳에 서지 않고, 나를 알게 되는 길이 되기도 하니까.

스무 살에는 무엇이든 내가 다 할 수 있을 것이라 여겼고, 그러기 위해 많이 애썼다. 한계를 넘기 위해 노력하다가

좌절하기도 하고 능력을 키우는 계기가 되기도 했으나 모든 것을 해낼 수는 없었다. 해내지 못함에서 나를 쥐어짜고 밀어붙이다가 어느 날 조각나 있는 나를 발견하기도 했다.

이제는 스스로 할 수 있는 것과 못하는 것을 구분하고, 못하는 것은 다른 식으로 보완할 방법을 찾는 것이 더 현명한 것이라고 생각한다. 한계를 인정한다는 말이 포기한다는 말은 아니니까.
요즘에도 인생 모토 같은 것을 이야기하는지 모르겠다. 신조나 좌우명. 좌우간 나의 인생 모토 하나를 물어봐 주면 좋겠다. 그럼 나는 이렇게 대답하고 싶다.
혼자서는 할 수 없음.

참을 수 없는 다정함

다정이 뚝뚝 떨어지는 글을 읽으면 꼭 눈물이 난다. 다정한 사람을 참을 수가 없다. 글 쓰는 사람이 그 다정함을 꾹꾹 눌러 담아 잼으로 만들어버리면 더욱 참을 수가 없어서 눈물이 난다.

다정함도 재능이 아닐까. 날카로움이 가득한 세상에서 어떻게 그런 다정함을 간직할 수 있냐고 묻고 싶다. 사실 다정함이야말로 세상을 살아내는 가장 강력한 방법인 것 같기도 하다. 나도 배우고 싶어서 따라 해본다. 때때로 작은 선물을 사고, 문득 네가 생각났다며 연락을 건넨다. 곁눈질로 알아챈 몇 가지 다정의 기술을 발휘하다가도 정말 다정한 사람을 만나면 부끄러워하며 재능의 차이를 인정

할 수밖에 없어진다.
우리 집으로 놀러 왔던 H는 요리를 못하고 싫어하는 나를 위해 손수 만든 도시락을 가져왔다. 평소에 잘 챙겨 먹지 않아 걱정되었다고 말하며 도시락을 열었더니 집밥 같은 반찬이 가득했다. 아니 다른 곳도 아니고 집으로 놀러 오면서 도시락을 만들어 오는 친구라니, 말이 되는가. 나는 창문을 열고 이 다정함을 와악 소리치며 자랑하고 싶어졌다.

다정한 사람들이 있다면 언제나 그 다정함을 발견해 내는 사람들이 있다. 나는 그 다정함을 발견해 내고 달디단 잼과 같은 글을 쓰는 사람들이 부러워 참을 수가 없다.
타인의 다정함을 발견하고 그를 글로 풀어내는 사람들은 다정함을 얼마나 오래오래 품는 사람인가. 그 마음을 품고, 기억하고, 또 더한 다정함을 더해서 글로 써내는 마음이 나를 자꾸 울게 한다.

글을 쓸 때마다 나는 잼을 만드는 재능도 부족하다는 걸 깨닫고 만다. 잼을 만드는 데에도 커다란 다정함이 필요하니까.

다정함도 배울 수 있다면 좋겠다. 배울 수 있는 거라면 아주 열심히 배울 텐데.

이런 찬란한 순간

북페어가 끝나면 체력이 완전히 바닥난다. 뒤풀이는 커녕 얼른 집에 가고 싶다는 생각으로 가득 차 무거운 짐을 들고 지하철이나 기차에 몸을 싣는다. 매번 그럼에도 꾸준히 북페어에 나간다.

서울에서 열리는 퍼블리셔스 테이블에서는 유난히 인상 깊은 독자분이 있었다. 내 단편 시리즈 중 하나인 『걱정이 많은 당신에게』를 대학생 따님으로부터 선물 받고 다음 날 부스로 직접 찾아와주신 여성분이었다. 나를 보고 작가인지 묻고, 글을 읽고 너무 위안이 되었다며 한참을 좋아하셨다.

"아니 어쩜 너무 좋았어요. 마지막 장이 특히. 현명한 사람에 대한 정의도 있는, 거기요. 너무 좋아서 읽어보라고 주변 사람들이랑 돌려봤잖아요."

정리되지 않은 감상을 오래오래 얘기하시다가 다른 단편 하나를 더 데려가셨다. 미소로 배웅한 뒤에도 여운이 오래 남는다.
여러 사람들이 왔다 가고 혼자 남았을 때 가만히 생각한다. 이러려고 글을 썼나 보다. 글을 쓰며 나는 이런 날을 바래왔나 보다.
인생에서 몇 번 감격의 눈물을 흘린다면 지금이 감격의 눈물을 흘릴 좋은 타이밍이라고 생각했다. 사회적 자아가 굳게 버티고 있어서 생각대로 되진 못했다.

작가라는 단어는 내게 의미가 각별하다. 기억이 나는 시절부터 장래 희망에는 항상 작가를 적었는데, 막상 페어에 나와 '작가님'이라고 불리는 게 참 부끄럽기만 하다. 내가 작가라고 불리어도 되는 걸까. 솔직히 모르겠다. 나는 아직도 글을 보이는 데 자신이 없고, 길가에 굴러다닐 운명의 쪼가리를 쓰는 게 아닐까 매일 반문하기 때문이다. 작가라는 이름을 달려면 이보다 훨씬 괜찮은 글을 써야 하는 건 아닐까? 더 유명해야 하는 게 아닐까? 그런 의문이 문득 들 때마다 직접 감상을 전해주시던 독자분들을 떠올렸다.
내게 작가라는 직업은 가끔 보이는 무지개 같은 특별한 것이었다. 그런데 하늘 높이만 뜨는 줄 알았던 무지개가 어느새 집 앞 호스에서 뿌리는 물에 조그맣게 떠, 눈앞에서 찬란히 아른거린다.
누군가에게 내 글은 충분치 않고, 누군가는 독립 출판을 쳐주지 않을 테고, 누군가는 너무 작고 얇은 책들이라고 할 테지만, 사실 작가라고 불리든 그렇지 않든, 괜찮다. 이미 믿기지 않는 순간들이 있다. 얼굴이 아닌 글로 먼저 사람들을 만나고, 잘 읽었다며 인사해 주는 사람들이 있고, 글이 좋다고 이야기해 주는 사람들이 있고, 책장을 넘기기 아쉬웠다고 하는 사람과, 읽다가 많이 울었다는 사람, 올해 가장 잘 산 책이라고 하는 사람까지 만났다면, 이미 충분하다는 생각이다. 작가라는 이름이 중요한 것이 아니라 글이 중요한 것이다. 글을 쓰기 시작했을 때부터 바라왔던 순간이다. 그런 순간을 지내고 있다.

그러니 힘들어도 또 북페어에 가야지.

남루해도 계속 글을 써야지.

햇빛과 함께 무지개가 사라지기 전에.

마음 대화

사람들과 좋은 대화를 하고 온 날은 아주 기쁜 마음으로 잠자리에 든다.
좋은 대화란 한 톨이라도 서로를 더 이해할 수 있게 되는 시간. 그런 것이라고 생각한다. 진심으로 서로를 궁금해하는 사람끼리 만나서, 나도 상대에게 한 적 없던 이야기를 하고, 상대도 나에게 그런 이야길 함으로서 관계가 더 깊어지거나 공감을 주고받아 살아가는 힘을 얻는 것.
그러니 나는 이런 이야기들만 나누는 관계는 지속하지 못한다. 연예인, 재테크, 결혼 상대 고르는 법, 닳도록 나눴던 과거와 같은 이야기만 하게 되는 관계.
나는 대신 당신의 근황이 궁금하고, 그 속에서 어떤 마음으로 지내는지가 궁금하다. 어떤 일이 있었는지와 같이 어떤 마음으로 지내는지도 꼭 물어본다. 이러이러한 일이 있었어, 라고 말을 끝내는 지인이 있다면 나는 꼭 어떤 마음으로 지내는지도 물어본다. 사람은 마음이 본질이기 때문이다. 있었던 일들을 나열하는 것은 내가 아니라 누구에게나 할 수 있는 일이다. 나는 가까운 이들에게 마음을 나누는 사이로 존재하고 싶다.

물론 마음을 꺼내는 일이 쉬운 일은 아니다. 나야 어디서라도 물으면 술술 대답하는 성격의 소유자라지만, 어떤 이들은 아무리 가까워도 마음을 꺼내어놓지 못한다. 그런 이에게는 무리하게 묻지는 않아도, 잊지 않고 한 번씩은 꼭 묻는다. 이야기하고 싶을 때를 놓치지 않을 수 있도록.

누군가의 이야기를 잘 듣고 싶을 때는 장소를 신중히 고른다. 맛있는 커피를 앞에 두는 것도 중요하지만 너무 시끄럽거나 너무 조용하지 않은 카페를 고르는 것이 조금 더 중요하다. 손님이 많아도 소리가 울리지 않는 적당한 크기의 카페가 좋다. 테이블 간격도 널널한지 확인한다. 그리고 당사자를 데려가 커피와 곁들일 맛있는 디저트를 고를 기회를 넘긴다.

앓는 마음은 꺼내놓아야 나아진다. 혼자서 앓으면 쉬이 곪는 게 마음이다. 내 앓는 마음을 주변에서 들어줬듯이 나도 누군가에게 그럴 수 있는 존재가 되기를 바라면서, 오늘도 카페에 가자고 한다.

뱅쇼를 끓이니 크리스마스 냄새가

이번 크리스마스 시즌에는 내내 뱅쇼를 먹어야겠다고 생각했다. 감기에 자꾸 걸리는 것 같아서 뭔가 그에 좋다는 걸 먹고 싶었다. 민간요법처럼 여겨지는 음식으로는 배숙과 뱅쇼가 떠올랐는데 배숙은 배의 속을 파낸다는 것부터가 복잡했다. 커다란 배를 통째로 찔만한 냄비도 없고, 생강도 싫고…

뱅쇼는 두고 먹을 수도 있고, 만들기도 간단했다. 크리스마스와도 잘 어울리는 데다가, 연말을 즐기는 기분도 날 것 같았다. 크리스마스를 기다리며 슈톨렌과 함께 먹으면 좋겠다. 크리스마스는 기대가 클수록 좋으니까.

편의점에서 가장 저렴하면서도 오프너 없이도 열 수 있는 레드와인을 두 병 샀다. 얼마 전에 저렴한 오렌지와 레몬, 향신료까지 사두었으니, 와인만 있으면 바로 만들 수 있다. 뱅쇼는 아직 만들어본 적은 없지만 먹어보기는 여러 번이었다. 시럽을 넣고 뱅쇼 맛을 낸 음료는 뱅쇼로 치고 싶지 않았다. 그래서 12월만 되면 프렌차이즈 카페에서 파는 뱅쇼 메뉴들을 싫어했다. 기대하고 마셨다가 여러 번 배신당한 덕분이다. 직접 끓인 뱅쇼와는 맛이 많이 달랐다.
와인을 잘 마시진 않지만 뱅쇼는 좋아한다. 프랑스에서 감기약처럼 마신다는 뱅쇼는, 프랑스어를 전공하면서 환상을 갖게 된 음료이기도 했다. 프랑스어로 뱅쇼는 [Vin chaud] 로 쓰고 [방-쇼] 정도로 읽는다. 따뜻한(chaud) 와인(vin)이라는 뜻이다. 프랑스에서는 감기에 걸리면 뱅쇼를 마신다는 교수님의 말씀을 듣고 겨울에 어디선가 뱅쇼를 팔면 꼭 사 먹어보곤 했다.

레드와인에 정향, 팔각, 계피 같은 향이 독특하고 따뜻한 성질의 향신료와 비타민 가득한 레몬, 오렌지, 사과 등을 넣고 꿀이나 설탕을 조금 넣어 끓이면 뱅쇼가 된다. 사실 레드와인과 설탕(또는 꿀)만 들어간다면 무엇을 얼마나 넣고 무엇을 뺄지는 만드는 사람의 자유다.

와인을 들고 집에 도착해 봐 놓았던 뱅쇼 황금레시피를 열었다. 무슨무슨 대회에서 상을 탄 레시피라고 쓰여 있었는데 어렵지 않아 보여 좋았다. 이걸 따라 하기로 했다. 잘 씻은 오렌지를 절반으로 갈라서 오렌지 껍질에 나무 가시같이 생긴 정향을 10개쯤 꽂아 넣는다. 검은 별이 10개 박힌 오렌지가 된다. 레몬 반개를 편으로 썰고, 사과는 귀찮으니 쑹덩쑹덩 큰 조각으로 썬다. 가진 것 중 라면이 두 개 들어가는 냄비에 와인 두 병을 부었다. 정향이 박힌 오렌지와 사과, 레몬을 넣고 꿀을 조금 넣었다. 부피 큰 오렌지를 넣으니 와인이 넘치지 않을 정도로 찰랑였다. 집에 있던 바닐라 익스트랙도 몇 방울 넣었다. 뭔가 빠진 것 같아서 생각하다가 찬장에서 시나몬 스틱을 하나 꺼내 넣었다.
예상했던 대로 어려운 것 없는 조리법이었다. 이대로 50분을 끓이면 된다고 했다. 50분. 뱅쇼를 만들기 위해 꼭 필요한 것 중 하나는 여유로운 시간이었다.

냄비가 충분히 크지 않아서 뱅쇼가 끓어 넘치지 않도록 여러 번을 살폈다. 다른 일을 좀처럼 하지 못하고 자꾸 서성이며 뱅쇼를 저었다. 수증기를 뿜으며 와인은 점점 양이 줄었다.
한참을 끓이니 집에 뱅쇼 향과 수증기가 가득했다. 추운 겨울에도 언제든 맡으면 따뜻해질 것만 같은 냄새, 사람들에게 좀 나눠주면 좋을 듯한 크리스마스 냄새였다.

다 끓인 뱅쇼는 내가 사 왔던 와인 양보다 한참 적었다. 국자로 조금 퍼서 찻잔에 담았다. 조심스레 맛을 보았다. 세상에. 내가 먹어 본 뱅쇼 중에서 가장 맛있는 뱅쇼였다. 정향과 계피 향과 꿀의 단맛, 레몬의 신맛까지 배합이 완벽하니 따뜻한 와인과 잘 어우러졌다. 오래 끓여서 알코올이 거의 다 날아간 것도 딱 좋았다.
뱅쇼 한 국자를 크게 퍼서 유리잔에 담았다. 저녁 내내 홀짝이다 보니 냄비에 남은 음료가 겨우 한 잔 남짓이었다. 입맛을 다시며 생각해 보니 한 잔 남겨 냉장고에 넣어봐야 별 의미 없는 게 아닐까 싶다. 이렇게 된 거 그냥 다 마셔버리자. 남은 한 잔을 또 퍼담아 소파에 앉는다.
조만간 와인을 더 많이 사 와야지. 뱅쇼를 나눠 담을 유리병도 몇 개 사오자. 시간이 여유로운 모레쯤, 더 큰 냄비에다가 잔뜩 만들자. 생각나는 사람들과 크리스마스를 나눠 가지자.

Marron glacé

파리의 루브르 박물관 근처, 디저트를 파는 한 카페에서 커피와 점심을 먹었다. 단호박 수프를 천천히 먹으며 카페를 구경했다. 인기가 많은 카페인지, 점점 사람이 많아져서 허탕을 치고 돌아가거나 대기를 하는 손님들이 생겼다. 관광객이 절반, 현지인이 절반이었다. 꽃무늬 벽지가 예쁘고 엔틱한 분위기가 물씬 나는 이 카페는 장년의 프랑스 여성에게 인기가 있는 듯했다.
이리저리 눈을 굴리다 보니 카운터에서 파는 여러 가지 간식이 눈에 보였다. 테이블에서 시킬 수 있는 타르트 같은 것과 다르게, 카운터에서는 말린 과일을 파는 모양이었다.
카운터 중앙에 길쭉한 유리병에 절반쯤 담겨있는 금빛 보석 같은 것이 유난히 눈을 사로잡았다. 크기는 마카롱 한 개 정도 되어 보이는 금박 포장의 그것들이 유리병 안에서, 진열대 위에서 조명을 받아 반짝거렸다.
윌리 웡카의 과자점에 들어가 가장 비싼 초콜릿을 쳐다보는 어린아이가 된 기분이었다. 아주 비싼 디저트일까.

나는 계산을 하려고 일어서서는 홀린 듯이 카운터로 다가갔다. 우아하게 차려입은 할머니 한 분이 내 앞에 섰다. 말린 과일 디저트 몇 개와 그 금박 포장을 여러 개 사가시는 과정을 물끄러미 보았다. 대체 뭘까. 반짝거리는 그것이 눈길을 계속 끌었다.
클래식한 정장 조끼를 차려입은 매니저가 내게 말을 걸었다. 무엇이 필요하냐고.
나는 유리병에서 눈을 떼지 못한 채 말했다.

"저 먹은 거 계산하려고.... 저거는 뭐예요?"

유리병을 가리키며 말했다.

"C'est du Marron glacé." *마롱 글라쎄야.*

"그럼 이것도 한 개, 아니 세 개 주세요."

세 개를 달라는 말이 나도 모르게 입에서 나왔다.
봉투에 넣어주냐는 말에 괜찮다 하니, 유리병에서 금빛 포장 세 개를 집게로 곱게 집어 작은 비닐봉투에 넣어준다. 조심스레 건네며 잘 뭉개지니 조심해서 가져가라고 주의도 준다.
마롱 글라쎄. 이름을 듣고 알았다. 그러니까 설탕에 조린 밤이다. 예쁘게 포장했지만 겨우 밤인데, 그렇게 조심까지 해야 하는 건가, 라는 생각이 들었지만 계산을 하면서 깨달았다. 조심해야 하는 가격이구나. 예쁘게 담긴 만큼 비싼 디저트네.

파리에서 우연히 만난 그와 몽마르뜨를 구경하다가 내려오니 출출해졌다. 저녁을 먹기에는 이른 시간이다.

"마롱 글라쎄라는 거, 아까 몇 개 샀는데 먹어볼래요?"

사탕을 까듯 금빛 포장지를 벗기니 끈적한 갈색 덩어리가 보였다. 포장지에서 쉽게 떨어지지 않는 끈적함이었다.
설탕에 진득하니 졸여진 밤은 아주 끈적한 데다가 캐러멜이나 마카롱보다도 달았다. 입안에 달라붙는 단맛에 우와, 소리가 저절로 나왔다.

하나씩 입에 넣고 커다래진 눈으로 서로를 바라보며 천천히 씹었다. 우와.

돌아가면 같은 맛을 찾을 수 없을 것 같은, 설탕에 오래도록 조린 밤. 크리스마스가 다가오는 파리의 공기 중을 떠다니는 달고 찐득한 로맨스와 잘 어울리는 맛이었다.

생일기분에는 서점 하울

오랜만에 생일이다.

당연히도. 1년마다 돌아오는 것이니까.

내 말은, 오랜만에 조금 다른 기분으로 생일을 맞았다. 몇 년간 생일에 허무에 절여진 이상한 기분 속에서 아무렇지 않은 척 하루를 치워냈었는데, 이번 생일은 다르다. 속에서 스멀스멀 기어 올라오는 무언가가 느껴지지 않는 하루를 시작했다.

새벽부터 연락이 왔던 친구와 아침에 연락이 왔던 친구의 축하를 받았다. 일찍 생일을 챙겨주고 싶어 하는 친구들의 마음이 와닿았다.

오늘은 부모님을 보기로 하였으니 딱 좋다. 마침 좀 귀찮았는데 머리를 감지 않아도 되지 않을까. 편하면서도 입고 싶은 옷을 골라서 예쁘게 입기로 한다. 아마도 오늘은 괜찮은 생일이 될 것 같다.
작년에 H가 사 들고 왔던 생일 케이크가 정말 맛있었는데. 케이크 집에서 생크림 딸기 케이크를 한 판 사야겠다. 맛있는 커피랑 같이 먹어야지. 사고 싶은 책이 있었던 차에 중고 서점 하울도 하기로 한다. 오늘은 생일이니까.

부모님을 뵙고 보니 흰머리가 약간 늘었지만, 안색은 좋아 보이셔서 다행이라고 생각한다. 책을 사러 갈 거라면서 물었다. 어릴 때 내가 서점에서 책을 열권씩 골라 오면 무슨 생각이 들었냐고. 왜 아무 말 하지도 않고 다 사주었냐고.
엄마는 내가 책을 좋아하는 게 마냥 좋았다고 했다. 엄마는 책을 읽고 싶었지만 읽을 수 없었다 했다. 당신 어린 시절에는 여자가 안경을 쓰면 재수가 없다고 하면서 집에서 안경을 사주지 않았다고 했다. 학교 공부를 하면서 눈이 시리고 아팠는데도 안경을 사주지 않아서 쓸 수가 없고, 책도 못 읽었다고.
그러니 대리만족이었던 것도 같다고.

나는 책을 읽을 수 있게 되고부터 너무 많은 책을 읽었다고 했다. 엄마가 얻어 온 무슨무슨 전집도 일주일 만에 다 읽어버리곤 했다고.

전집을 일주일 만에 읽어버렸던 기억은 나지 않지만, 항상 가던 서점은 기억이 난다. 우리는 동네에서 제일 큰 서점, 대동서적의 단골이었다. 서점에 도착하면 나는 잔뜩 흥분해서 책들 사이를 돌아다녔다. 무언가를 사달라고 하는 법이 없던 나는 서점에서만큼은 제법 어린이처럼 굴었다. 책장 가까이 가면 나는 책 냄새가 너무 좋았다. 진열대뿐만 아니라 책등으로 저 구석에 꽂혀있는 책들까지 꼼꼼히 훑어보았다. 책을 아주 신중히 골라서 계산대로 가져갔는데도 내 책만 열 권가량 바코드가 찍히기도 했다. 생각보다 너무 많이 고른 날은 눈을 동그랗게 뜨고 계산하는 엄마의 표정을 살폈다. 엄마는 그저 포인트가 얼마 있냐고 점원에게 물었다.

부모님은 서점을 함께 가게 된 후로 내게 어떤 책을 더 읽는 게 좋겠다는 이야기도, 대신 책을 사서 주시는 법도 없었다. 나는 덕분에 소설, 자기계발서, 에세이, 인문학, 과학, 유머책을 다양히도 골랐다. 어느 날은 성인도 읽기 힘든 평행우주 이론 서적을 호기롭게 골랐고, 어느 날은 멋진 사은품을 준다는 잡지를 고르기도 했다.
서점은 유일하게 내가 마음껏 욕심을 부릴 수 있는 곳이었다. 꽉 찬 마음으로 책을 안아 들고 서점을 나오던 그 기분을 잊지 못한다.

나는 학교 도서관의 단골이기도 했다. 겨우 교실 한 개 크기였던 초등학교 도서관의 서가 역시 샅샅이 살펴 가며 책을 읽었다. 서점과 달리 도서관은 오래되고 멋진 소설을 고르기에 제격이었다. 도서관 구석에 쪼그리고 앉아 미하엘 엔데의 『모모』와 『끝없는 이야기』를 읽었다. 우연히 꺼내 들었던 책을 읽기 시작하자 자리를 떠날 수가 없어서 그대로 쪼그려 앉아 한참을 있곤 했다.

엄마를 대신해 원 없이 책을 읽었던 나에게는, 작가가 되고 싶다는 생각을 하는 것이 당연한 수순이었을지도 모른다. 아마 책을 사주며 부모님이 기대한 바는 아니었겠지만 말이다.

역시 오늘 같은 날은 중고 서점에서 욕심만큼 책을 잔뜩 골라 카운터로 가져가도 되지 않을까.

오랜만에 생일다운 기분이라는 핑계를 대며, 그때의 부모님 탓이라는 핑계를 대며.

뜨거운 햇빛에는 쉬폰 커튼

햇빛 들어오는 창가를 좋아한다. 해가 들어오는 카페라면 어떤 때라도 나가서 글을 쓰고 싶어진다.
최근 지인이 카페를 열었다. 1층에 가게 한 면을 통유리로 만들어서 지나다니며 카페 안을 훤히 볼 수 있다. 그라인더 옆에 있는 바 테이블은 오후에 가면 해가 많이 들어오는 자리인데, 5월이 다가오는 지금은 초록빛까지 햇빛과 함께 들어온다. 해가 가장 많이 들어오는 자리에 앉아서 글을 쓰고 싶어지는 날. 오늘은 딱 그런 날이다. 해가 가장 많이 들어오는 자리를 찾아가고 싶은 날.

운이 좋게도 우리 집은 해가 많이 들어오는 편이다. 특히 오전에 해가 깊숙이 들어오는데, 금방 집이 후끈후끈해진다. 한여름에는 단점이라는 생각이 들 정도. 이사를 오고 처음 맞았던 여름엔 그 후끈함에 놀라움을 금치 못했다.

그럼에도 나는 차양을 위한 암막 커텐을 달지 못했다. 에어컨 바람을 싫어해서 서큘레이터 하나로 여름을 버티면서도 그랬다. 아침에도 달아오른 집이 상당히 더웠지만서도 말이다. 엄마는 내가 이상한 고집을 부린다고 말했다.

"여름내내 덥고 힘들어 보이잖아. 너 컨디션 안 좋은 거, 더위 먹은 거야. 암막 커튼 요즘 얼마나 잘 나오는데. 고르는 거 어렵지도 않잖니."

나는 찾아봐야지, 찾아보는 중이야, 라는 대답을 반복하면서 커튼 고르기를 자꾸만 미뤘다.

사실 나는 햇빛으로 하루의 시작을 알게 되는 게 좋다. 켜놓은 거실 등보다 밝은 햇빛으로 집이 가득 차서 숨을 곳 없는 밝음을 느끼는 것이 좋다. 햇빛을 받고 있으면 약간의 우울이 증발하는 것이 느껴진다. 우울의 파도가 크게 밀려오다가도, 집에 들어찬 햇빛이 방파제 역할을 한다. 햇빛이 내가 이렇게 밝은데 한없이 우울할 수 있냐고 말을 걸어온다. 덕분에 파도에 밀려 잠기지 않고 적당히 우울할 수 있다는 점이, 이사를 온 이후 내내 좋았다.

여름이 무르익고 마침내 끝이 보일 때쯤 커튼을 샀다. 하얀색의 나비 주름이 잡힌 쉬폰 커튼이었다.

"그래도 개중에 좀 두꺼운 거야."

어떤 커튼을 샀나 궁금해하다가 쉬폰 커튼에 경악하며 잔소리가 시작된 엄마에게 궁색한 변명을 했다.

"여름도 다 끝나가는걸. 이 커튼이 딱 좋아. 정말로."

커튼을 사고 계절이 몇 번 바뀌었다. 여전히 나비 주름이 예쁜 커튼을 보며, 정말 잘 샀다고 생각하곤 한다.

이제 넘쳐 들어오는 햇빛을 감당해야 하는 여름이 다시 오고 있다. 세게 틀어놓은 서큘레이터와, 바람에 흔들리는 쉬폰 커튼, 커튼을 통과한 뜨거운 햇빛과 얼음 두 개 넣은 아이스 커피로 건너야 하는 여름이.

그래야 하는

인생은 뭘까.
아플 때면 이런 질문이 지겹게 떠오른다.
때때로 허무가 나를 슬프게 하고,
삶에 도움이 되지 않는 질문을 자꾸만 던지겠지만,
나는 이런 생각을 해야만 하는 사람인가 보다.
끊임없이 의미를 찾아야 하는.
사랑이 많지 않지만 사랑을 해야 하는.

맺음말

허무와 환희를 써내며

첫 책을 냈을 때부터 작년까지 소개를 이렇게 적었다.
[모든 게 즐거운 사람이었다가 모든 게 허무한 사람으로, 지금은 환희와 허무를 매일 넘나드는 사람이 되었습니다]
매일 환희와 허무를 넘나들다 보니 그것들을 적을 수밖에 없었다. 다행히 허무하기만 한 인생은 없고, 환희만 가득한 인생도 없다. 허무가 오래 펼쳐지더라도 분명 다른 풍경이 펼쳐지는 날이 온다.

힘이 들 때면 글을 썼다. 글을 써야만 했다. 아무것도 하기 싫어지거나, 아무것도 못 할 것 같을 때도 글을 썼다. 글을 써야 괜찮아질 수 있었다. 아무에게도 보여주지 않을 속마음을 털어놓고, 때로는 살기 싫은 마음까지도 털어놓았다. 글에 마음을 털어놓는 과정에서 위안을 얻었다. 노트에 펜이 스치는 감각이나, 키보드를 두드리는 손짓, 의미를 지닌 채 완성되어 가는 문장, 그런 것을 사랑하는 마음을 깨달았다.

작년 몇 달을 또 아주 아프고서 하던 일을 그만두었다. 차례대로, 모든 걸 그만두고 나서 건강에만 집중했더니 다행히도 많이 나아졌다. 지금은 믿을 수 없을 정도로 몸과 마음이 건강하다. 이 글을 쓰며 마침 감기에 걸려서 오한도 느끼고 콧물을 훌쩍이고 있지만 이런 건 아무것도 아니다. 감기는 금방 나을 일이다. 평소 먹고 싶은 걸 대부분 먹을 수 있고, 꾸준히 운동도 할 수 있다는 사실과, 우울이 자취를 감추었다는 사실이 중요하다. 무리하지 않는다는 규칙을 잘 지키고 있다.
여전히 아이스 아메리카노는 잘 먹지 않지만, 먹을 수 있다는 사실에 되려 먹지 않아도 좋다는 마음이 된다.

앞으로도 계속 건강하리라는 낙관을 하진 않는다. 또 허무가 찾아오는 날이 있을 것이다. 감당하기 어려운 날도 찾아올 것이다. 그러면 나는 또 글을 쓰고, 써 두었던 환희를 꺼내어 읽을 것이다.

쓰지 않으면 안 될 것 같은 글이 있다. 그리고 쓰지 않으면 견디기 어려운 마음이 있다. 내가 계속 책을 만들 수 있을지는 언제나 미지수이지만 앞으로도 계속 쓰는 일을 멈추지는 않는다는 것만은 분명하다.

아이스 아메리카노 마시는 법

초판 1쇄 발행 2025년 6월 02일
발행처 프호제아쉬
전자우편 wingsofhope@naver.com

지은이 강규희
디자인 강규희
인스타그램 @projet.h.words

ISBN 979-11-990217-0-9 (03810)